SOUVENIR

DU

Mariage de M. Alfred VAUGEOIS

ET DE

M{tle} Anna de SAINT-PÈRE

18 OCTOBRE 1883

PARIS

J. MERSCH, IMPRIMEUR

91, RUE DENFERT-ROCHEREAU

—

1883

SOUVENIR

DU

Mariage de M. Alfred VAUGEOIS

ET DE

M^(lle) Anna de SAINT-PÈRE

SOUVENIR

DU

Mariage de M. Alfred VAUGEOIS

ET DE

Mlle Anna de SAINT-PÈRE

18 OCTOBRE 1883

PARIS

J. MERSCH, IMPRIMEUR

91, RUE DENFERT-ROCHEREAU

—

1883

SOUVENIR

DU

Mariage de M. Alfred VAUGEOIS

ET DE

Mlle Anna de SAINT-PÈRE

SOUVENIR

DU

Mariage de M. Alfred VAUGEOIS

ET DE

Mlle Anna de SAINT-PÈRE

18 OCTOBRE 1883

PARIS

J. MERSCH, IMPRIMEUR

91, RUE DENFERT-ROCHEREAU

—

1883

ALLOCUTION

PRONONCÉE

EN L'ÉGLISE DE LEVALLOIS-PERRET

PAR

M. l'abbé CROISET

CURÉ DE LA PAROISSE DE VERNOUILLET

Mes chers Amis,

Le Dieu qui bénit et consacre nos douleurs, consacre et bénit aussi nos joies quand nous les rapportons à sa bonté comme à leur source véritable et pure. Ce Dieu, père compatissant et tendre, non moins que maître souverain et tout puissant, institua seul l'union des époux. Il voulut y intervenir toujours, la former lui-même, afin de la doter de l'abondance de ses grâces, et de lui imprimer le sceau divin de son indissoluble unité. Et l'Eglise de Jésus-Christ vous confère aujourd'hui, en son nom, et pour jamais, le Sacrement inviolable dont le Sauveur l'établit dispensatrice et gardienne.

D'est donc avec la consolation la plus vive que le prêtre va bénir vos promesses sacrées. Ah! du moins, cette fois, il ne prête pas, en tremblant, son ministère à l'alliance conjugale. Non! il n'a pas à gémir, en cet instant, dans son cœur, sur ces dispositions profanes, sur cette légèreté et ce tumulte de pensées frivoles et mondaines qu'apportent si souvent, aux pieds des saints autels, ceux qui viennent y contracter des engagements cependant irrévocables. Mais pour vous, qui êtes le digne objet de nos espérances, et qui comprenez le prix, l'excellence des dons de Dieu, pour vous qui apportez ici une conscience pure, une foi vive, une piété sincère, c'est avec confiance que nous vous voyons approcher de l'autel. Elevés tous deux dans la crainte du Seigneur, accoutumés, dès l'enfance, à porter son joug, grandis heureux sous les religieuses influences des vertus de famille, vous avez bien compris à cette double et noble école d'honneur et de piété, qu'aucun avantage de la nature ou de la fortune, ne saurait l'emporter sur les joies d'une bonne conscience ; et vous venez vous faire mutuellement, en ce jour, le plus précieux de tous les dons, celui d'un cœur pur que l'air contagieux du siècle n'a pu corrompre, et qui n'a jamais connu que les affections les plus saintes et les plus légitimes.

Cette cérémonie nuptiale, ce sacrement vénérable qui sanctifie l'union des époux, et que l'apôtre appelle grand en Jésus-Christ et en l'Eglise, sera donc conféré à des chrétiens dignes de ce nom, et je n'ai pas à craindre que les paroles qui vont sortir de ma bouche se tournent en malédictions pour des âmes si bien préparées.

Non, ces paroles puissantes de l'Eglise seront pour tous deux, j'en ai l'assurance, une source de paix, de joie et de bonheur. Pour vous d'abord, ma chère enfant, la grâce du sacrement viendra consacrer les gages de bonheur que cette union vous apporte. Vous connaissez la famille dans laquelle vous entrez. Déjà des liens bien chers l'unissent à la vôtre. Cette première alliance vous a mise à même de pénétrer plus avant dans ce sanctuaire de piété et de foi, d'honneur et de loyauté où la Providence vous appelle aujourd'hui. Le mérite solide et aimable de celui qui va devenir le soutien de votre vie vous est connu. Son éloge est dans sa vie chrétienne et réglée, dans son amour fraternel et filial, dans sa tendresse pour l'aïeule vénérée à laquelle remontent, comme un premier couronnement de ses vertus, les pieuses joies de ce jour. Sainte aïeule que sa faiblesse empêche d'assister à cette touchante cérémonie, mais qui vous accompagne de ses vœux et de ses prières, et dont l'absence nous est aussi pénible qu'à elle-même.

Vous avez passé heureuse, ma chère enfant, les premières années de votre vie, au foyer si doux de la famille, sous les yeux d'un père et d'une mère, si dignes de votre respectueuse affection ; vous serez heureuse encore dans la société de l'époux que Dieu vous donne, et dans votre inviolable attachement aux principes religieux qui ont toujours guidé votre enfance, et qui seront votre plus ferme appui et votre vraie consolation parmi les difficultés et les épreuves inévitables de la vie.

Et pour vous, Monsieur, mon cher ami, cette alliance que vous contractez n'est pas une de ces unions formées presque au hasard, fondées sur l'intérêt ou sur la considération des avantages les plus frivoles. Vous avez su distinguer les qualités solides, la droiture et l'honorabilité de la famille nouvelle qui vous accueille ; vous avez arrêté votre choix, j'ose le dire, sur une enfant qui, par la douceur de son caractère, par son activité intelligente au milieu d'une nombreuse famille, par son affectueuse obéissance, par la simplicité toute suave de sa foi, n'a jamais cessé d'être la joie et le bonheur des siens : et je puis vous répondre qu'elle est disposée à couronner l'œuvre de sa jeunesse par la pratique de toutes les vertus que la religion et la famille réclament d'une épouse chrétienne. Vous aussi, vous la rendrez heureuse, en marchant devant Dieu, et vous répondrez ainsi pleinement à la confiance que vous témoignent aujourd'hui ses parents, en vous remettant entre les mains l'avenir de leur enfant bien-aimée.

Soyez donc bénis mille fois, mes chers amis, de toutes les bénédictions de vos pieuses familles, de toutes les bénédictions du Dieu d'amour. Dans un généreux sentiment de foi, élevez vos cœurs au-dessus de cette terre qui passe pour demander un bonheur durable et paisible à Celui qui seul peut le promettre et le donner. Du haut du ciel, sa Providence attentive vous considère avec tendresse ; ses anges vous environnent ; Il sait le présent et l'avenir. Votre route s'éclairera à la lumière des pensées divines qui ne sont pour tous deux que des pensées de miséricorde et de paix. Sous l'œil de Dieu, vous marcherez toujours confiants et assurés, et vous saurez retrouver, au moment nécessaire, ce soutien, cette force qu'amène la foi seule après elle.

Avec les intentions pures de la foi, Dieu vous demande un dévouement généreux. Chaque instant de votre vie sera marqué par de graves devoirs. La vie, même la plus heureuse et la plus enviée, a ses vicissitudes et ses peines ; le dévouement fidèle accomplit les uns, adoucit les autres. Ainsi, vos jours seront bénis et consolés comme la religion sait consoler et bénir. Laissez donc, sans crainte, vos âmes se livrer à la joie et à l'espérance. D'ardentes prières vous accompagneront ; le sang de l'Agneau sans tache sera offert pour vous.

Daignez, Seigneur, nous vous en supplions, abaisser vos divins regards sur ce sanctuaire. Voyez ces jeunes cœurs qui se donnent à vous avant de se donner l'un à l'autre, et qui n'apportent ici aucun sentiment indigne de vos anges ou de la majesté des adorables mystères.

Dieu d'Abraham, d'Isaac et de Jacob, Dieu de Sara et de Rachel, Dieu du jeune Tobie et de sa vertueuse épouse, vous qui environnâtes de tant de consolation et de gloire les chastes alliances des patriarches, qui donnâtes vous-même dans l'Eden, aux jours d'innocence et de bonheur, la première bénédiction nuptiale ; ô Jésus, Dieu de l'Evangile et Dieu d'amour, qui avez sanctifié par votre divine présence les noces de Cana, bénissez, nous vous en conjurons, cette religieuse union. Vous le savez, la piété paternelle et maternelle a formé, dès longtemps, ces jeunes gens l'un pour l'autre. Le moment est arrivé : bénissez-les de toute la puissance, de toute la bonté de votre grâce. O Seigneur, à l'ombre de vos ailes, ils formeront, à leur tour, une famille chrétienne et prospère, et vous prenant toujours comme terme de leurs désirs, ils suivront la voie véritable qui conduit à la vie, et après avoir accompli les jours donnés du pèlerinage ici-bas, ils se retrouveront dans les joies inaltérables de l'immortelle et céleste Patrie.

Amen.

AU
REPAS DE NOCES

UN CHAPITRE D'HISTOIRE

Anna,

Sans doute, il ne vous en souvient pas!...

C'était à Boulogne-sur-Mer, il y a trois ans, le 8 septembre, un jour béni, nous remontions de la plage.

Nous venions de gravir les rampes mal pavées de la rue de Calais, et de franchir la porte charretière du numéro 18.

Je ne sais comment, je ne sais pourquoi, seul à seul, tous deux recueillis, comme en un beau soir, nous nous trouvions mollement assis sur un banc de bois, dans la petite cour, entre la maison Vis et le jardin Gomel.

Je ne vous disais rien, vous me répondiez la même chose.

J'ignore si vous reposiez, moi je rêvais.

Dans mon rêve, je voyais une jeune fille, belle comme la fleur des champs; au champ Perret les fleurs sont ravissantes.

Vêtue, couronnée de blanc, elle s'avançait vers l'autel avec la grâce et la majesté d'une reine, sous l'œil ému de deux familles heureuses.

Et puis, bénie de Dieu et de ses pères, je la voyais redescendre noble et digne au bras d'un parfait gentilhomme, fier, à bon droit, de sa brillante conquête.

Anna, sans cesser une minute, mon rêve a duré trois ans ; et voilà qu'aujourd'hui, jour de joie et de bénédiction, il est devenu réalité.

Il faut le révéler à votre modestie : la fleur du champ Perret, c'était vous !...

Il faut le révéler à sa modestie : le parfait gentilhomme c'était Alfred, notre cher Alfred, homme de goût et de sagesse, qui a su vous choisir et vous mériter.

Anna, souffrez que je vous le dise, vous étiez la désirée de notre nation.

Les fêtes de ce jour sont donc un triomphe pour vous.

Elles sont aussi un nouveau triomphe pour votre honorable famille, chaque année, chaque jour, plus aimée, plus respectée.

Elles sont encore un triomphe pour Charles, votre frère; s'il vous eût fallu une caution, vous n'en pouviez choisir de plus vaillante que celle de ce frère qui fait l'honneur et le bonheur de Jeanne?... de Jeanne!... elle rougit, je m'arrête; elle effacerait le soleil.

Et maintenant, Anna, qui portez un nom aimé dans la famille, soyez la bienvenue.

Tous, nous vous accueillons à cœur et bras ouverts.

Vous apparteniez à une famille patriarcale, vous entrez dans une famille des anciens jours.

Vous devenez une perle de plus au diadème d'une aïeule ; au diadème d'une seconde mère, deux femmes de grands devoirs et de grandes vertus, dont vous saurez aimer les sublimes leçons et imiter les héroïques exemples.

Même, en ce jour de fleurs et de lumières, ces deux mots sacrés, devoirs et vertus, ne sauraient sembler trop austères.

Ils forment l'auréole au front des grands-parents qui vous entourent ; s'il n'était permis de les prononcer, il faudrait renoncer à vous parler des plus beaux trésors et des meilleures richesses de nos vénérables bien-aimés.

Au temps jadis, aux jours solennels des noces ou des couronnements, ce sont ces mots, devoirs et vertus, que les vieux Bardes faisaient entendre aux rois et aux reines.

Alfred et Anna, chères Majestés du jour, au nom de vos ancêtres ; au nom de tous ceux qui palpitent en ce moment pour vous et qui vous ont tracé les voies que vous suivrez ; au nom des saints pasteurs dont la présence à cette table de famille est une source de joies, une promesse de bénédictions ; au nom de l'humble troubadour qui a eu le privilège de vous saluer en ce royal festin :

Soyez heureux !...

Soyez heureux !...

PAUL DECAUX.

IMPRIMÉ

PAR

J. MERSCH

à Paris.

www.ingramcontent.com/pod-product-compliance
Lightning Source LLC
Chambersburg PA
CBHW060641050426
42451CB00010B/1197